WELCOME

This book has been crafted with the novice learner in mind, providing a solid foundation in essential vocabulary and phrases to help you confidently navigate everyday situations in a new language. Language is more than just a means of communication; it is a gateway to understanding different cultures, connecting with people, and broadening your horizons. Whether you are preparing for a trip, expanding your professional skills, or simply exploring a personal interest, learning a new language can be an incredibly rewarding experience.

In creating this book, we focused on three core principles: simplicity, practicality, and accessibility. The 50 themed chapters are designed to cover a wide range of common scenarios, from greetings and introductions to shopping and dining, ensuring that you have the words and phrases you need right at your fingertips.

One of the unique features of this book is the integration of online audio pronunciation support.

We understand that correct pronunciation is key to effective communication, which is why we have included high-quality audio recordings for every word and phrase. Listening to native speakers will help you develop an authentic accent and boost your confidence in speaking.

Learning a new language can seem daunting at first, but with this book, you will find that it is a manageable and enjoyable journey. The clear, user-friendly layout allows you to learn at your own pace, making the process both effective and enjoyable. Thank you for choosing this book as your language-learning companion. We hope it inspires you to explore new opportunities and connect with the world in ways you never thought possible.

Happy learning!

USE THIS QR CODE TO ACCESS THE ONLINE AUDIO RESOURCES:

INDEX

POZDRAVY

Greetings

HELLO

Hello, how are you?

AHOJ

Ahoj, ako sa máš?

GOOD MORNING

Good morning, did you sleep well?

DOBRÉ RÁNO

Dobré ráno, spal(si/si) dobre?

GREETINGS

GOOD AFTERNOON

Good afternoon, how was your day?

DOBRÉ POPOLUDNIE

Dobré popoludnie, ako bol tvoj deň?

GOOD EVENING

Good evening, let's watch a movie.

DOBRÝ VEČER

Dobrý večer, poďme si pozrieť film.

GOODBYE

Goodbye, see you tomorrow.

DOVIDENIA

Dovidenia, uvidíme sa zajtra.

PLEASE

Please pass the salt.

PROSÍM

Prosím, podaj soľ.

POZDRAVY

THANK YOU

Thank you for your help.

ĎAKUJEM

Ďakujem za pomoc.

YES

Yes, I would like some coffee.

ÁNO

Áno, chcel(a) by som kávu.

NO

No, I don't want any.

NIE

Nie, nechcem žiadnu.

EXCUSE ME

Excuse me, where is the bathroom?

PREPÁČTE

Prepáčte, kde je toaleta?

BEŽNÉ FRÁZY

Common Phrases

HOW MUCH DOES IT COST?

How much does this book cost?

KOĽKO TO STOJÍ?

Koľko stojí táto kniha?

WHERE IS THE BATHROOM?

Excuse me, where is the bathroom?

KDE JE KÚPEĽŇA?

Prepáčte, kde je kúpeľňa

COMMON PHRASES

I DON'T UNDERSTAND

I don't understand this lesson.

NECHÁPEM

Nechápem túto lekciu.

CAN YOU HELP ME?

Can you help me with my homework?

MÔŽETE MI POMÔCt?

Môžete mi pomôcť s domácou úlohou?

I'M SORRY

I'm sorry for being late.

PREPÁČTE

Prepáčte, že som meškal.

WHAT TIME IS IT?

Do you know what time it is?

KOľKO JE HODÍN?

Vieš, koľko je hodín?

BEŽNÉ FRÁZY

I AM LOST

I am lost, can you help me?

SOM STRATENÝ

Som stratený, môžete mi pomôcť?

I LOVE YOU

I love you very much.

ĽÚBIM ŤA

Veľmi ťa ľúbim.

I AM HUNGRY

I am hungry, let's eat something.

SOM HLADNÝ

Som hladný, poďme niečo zjesť.

I AM THIRSTY

I am thirsty, can I have some water?

SOM SMÄDNÝ

Som smädný, môžem dostať trochu vody?

ČÍSLA

Numbers

ONE

One apple, please.

JEDNA

Jedno jablko, prosím.

TWO

I have two cats.

DVA

Mám dve mačky.

NUMBERS

THREE

There are three books on the table.

TRI

Na stole sú tri knihy.

FOUR

We need four chairs.

ŠTYRI

Potrebujeme štyri stoličky.

FIVE

She has five pencils.

PÄť

Má päť ceruziek.

SIX

The clock shows six o'clock.

ŠESť

Hodiny ukazujú šesť hodí

ČÍSLA

SEVEN

There are seven days in a week.

SEDEM

V týždni je sedem dní.

EIGHT

The cake is cut into eight pieces.

OSEM

Torta je nakrájaná na osem kúskov.

NINE

There are nine students in the class.

DEVÄť

V triede je deväť študentov.

TEN

I can count to ten.

DESAť

Dokážem počítať do desať.

DNI V TÝŽDNI

Days of the Week

MONDAY

I have a meeting on Monday.

PONDELOK

V pondelok mám stretnutie.

TUESDAY

She goes to the gym on Tuesday.

UTOROK

V utorok chodí do posilňovne.

DAYS OF THE WEEK

WEDNESDAY

We have a class on Wednesday.

STREDA

V stredu máme hodinu.

THURSDAY

The market opens on Thursday.

ŠTVRTOK

Trh sa otvára vo štvrtok.

FRIDAY

Friday is my favorite day.

PIATOK

Piatok je môj obľúbený deň.

SATURDAY

They visit their grandparents on Saturday.

SOBOTA

V sobotu navštevujú svojich starých rodičov.

DNI V TÝŽDNI

SUNDAY

We rest on Sunday.

NEDEĽA

V nedeľu odpočívame.

WEEKEND

What are your plans for the weekend?

VÍKEND

Aké sú tvoje plány na víkend?

WEEKDAY

A weekday is any day except the weekend.

PRACOVNÝ DEŇ

Pracovný deň je akýkoľvek deň okrem víkendu.

HOLIDAY

Christmas is a holiday.

SVIATOK

Vianoce sú sviatok.

MESIACE V ROKU

Months of the Year

JANUARY

My birthday is in January.

JANUÁR

Moje narodeniny sú v januári.

FEBRUARY

Valentine's Day is in February.

FEBRUÁR

Valentín je vo februári.

13

MONTHS OF THE YEAR

MARCH

Spring starts in March.

MAREC

Jar začína v marci.

APRIL

April is a rainy month.

APRÍL

Apríl je daždivý mesiac.

MAY

Mother's Day is in May.

MÁJ

Deň matiek je v máji.

JUNE

School ends in June.

JÚN

Škola končí v júni.

MESIACE V ROKU

JULY

Independence Day is in July.

JÚL

Deň nezávislosti je v júli.

AUGUST

We go on vacation in August.

AUGUST

Chodíme na dovolenku v auguste.

SEPTEMBER

chool starts in September.

SEPTEMBER

Škola začína v septembri.

OCTOBER

Halloween is in October.

OKTÓBER

Halloween je v októbri.

FARBY

Colors

RED	**ČERVENÁ**
The apple is red.	Jablko je červené.
BLUE	**MODRÁ**
The sky is blue.	Obloha je modrá.

COLORS

GREEN

The grass is green.

ZELENÁ

Tráva je zelená.

YELLOW

The sun is yellow.

ŽLTÁ

Slnko je žlté.

BLACK

The night is black.

ČIERNA

Noc je čierna.

WHITE

The snow is white.

BIELA

Sneh je biely.

FARBY

GRAY

The sky is gray today.

SIVÁ

Obloha je dnes sivá.

BROWN

The soil is brown.

HNEDÁ

Pôda je hnedá.

PINK

The flower is pink.

RUŽOVÁ

Kvet je ružový.

PURPLE

The grapes are purple.

FIALOVÁ

Hrozno je fialové.

ČLENOVIA RODINY

Family Members

MOTHER

My mother is a teacher.

MATKA

Moja matka je učiteľka.

FATHER

My father works in a bank.

OTEC

Môj otec pracuje v banke.

19

FAMILY MEMBERS

BROTHER

My brother is younger than me.

BRAT

Môj brat je mladší ako ja.

SISTER

My sister is older than me.

SESTRA

Moja sestra je staršia ako ja.

GRANDFATHER

My grandfather is retired.

STARÝ OTEC

Môj starý otec je na dôchodku.

GRANDMOTHER

My grandmother tells great stories.

STARÁ MAMA

Moja stará mama rozprá~ skvelé príbehy.

ČLENOVIA RODINY

UNCLE

My uncle lives in the city.

STRÝKO

Môj strýko žije v meste.

AUNT

My aunt is a doctor.

TETA

Moja teta je lekárka.

COUSIN

My cousin is visiting us.

BRATRANEC

Môj bratranec nás navštevuje.

NEPHEW

My nephew is learning to read.

SYNOVEC

Môj synovec sa učí čítať.

JEDLO A NÁPOJE

Food and Drinks

BREAD

I like to eat bread.

CHLIEB

Mám rád chlieb.

WATER

I drink a lot of water.

VODA

Pijem veľa vody.

FOOD AND DRINKS

MILK

I drink milk every morning.

MLIEKO

Každé ráno pijem mlieko.

JUICE

He drinks orange juice.

DŽÚS

On pije pomarančový džús.

COFFEE

I drink coffee in the morning.

KÁVA

Pijem kávu ráno.

TEA

She likes to drink tea.

ČAJ

Ona rada pije čaj.

JEDLO A NÁPOJE

WINE

He likes red wine.

VÍNO

Má rád červené víno.

BEER

He drinks beer with friends.

PIVO

Pije pivo s priateľmi.

SODA

I like to drink soda.

SODA

Rád pijem sódu.

WINE

They enjoy a glass of wine.

VÍNO

Oni si užívajú pohár vína.

OBLEČENIE

Clothing

SHIRT

I bought a new shirt.

KOŠEĽA

Kúpil som si novú košeľu.

PANTS

He is wearing blue pants.

NOHAVICE

Má na sebe modré nohavice.

CLOTHING

DRESS

She bought a red dress.

ŠATY

Kúpila si červené šaty.

SHOES

I need new shoes.

TOPÁNKY

Potrebujem nové topánky.

HAT

He wears a hat.

KLOBÚK

Nosí klobúk.

SKIRT

She is wearing a skirt.

SUKňA

Má na sebe sukňu.

OBLEČENIE

COAT

I wear a coat in winter.

KABÁT

V zime nosím kabát.

JACKET

She bought a new jacket.

BUNDA

Kúpila si novú bundu.

T-SHIRT

He is wearing a T-shirt.

TRIČKO

Má na sebe tričko.

SWEATER

She knitted a sweater.

SVETER

Uplietla sveter.

DOM A DOMOV

House and Home

HOUSE	DOM
The house is big.	Dom je veľký.

ROOM	IZBA
My room is on the second floor.	Moja izba je na druhom poschodí.

HOUSE AND HOME

KITCHEN

The kitchen is clean.

KUCHYňA

Kuchyňa je čistá.

BATHROOM

The bathroom is upstairs.

KÚPEĽňA

Kúpeľňa je hore.

LIVING ROOM

he living room is spacious.

OBÝVAČKA

Obývačka je priestranná.

BEDROOM

The bedroom is cozy.

SPÁLňA

Spálňa je útulná.

29

DOM A DOMOV

GARDEN

The garden is beautiful.

ZÁHRADA

Záhrada je krásna.

GARAGE

The car is in the garage.

GARÁŽ

Auto je v garáži.

BALCONY

We have breakfast on the balcony.

BALKÓN

Raňajkujeme na balkóne.

ROOF

The roof needs repair.

STRECHA

Strecha potrebuje opravu

ŠKOLA

School

TEACHER

'he teacher is explaining the lesson.

UČITEĽ

Učiteľ vysvetľuje lekciu.

STUDENT

The student is studying hard.

ŠTUDENT

Študent usilovne študuje.

SCHOOL

CLASSROOM

The classroom is full of students.

TRIEDA

Trieda je plná študentov.

HOMEWORK

I have a lot of homework.

DOMÁCA ÚLOHA

Mám veľa domácich úloh.

EXAM

The exam was very difficult.

SKÚŠKA

Skúška bola veľmi ťažká.

LIBRARY

I study in the library.

KNIŽNICA

Študujem v knižnici.

ŠKOLA

BOOK

I am reading a book.

KNIHA

Čítam knihu.

DESK

My desk is tidy.

STÔL

Môj stôl je čistý.

PEN

I need a pen to write.

PERO

Potrebujem pero na písanie.

NOTEBOOK

I write in my notebook.

ZOŠIT

Píšem do svojho zošita.

PRÁCA A PROFESIE

Jobs and Professions

DOCTOR

The doctor is very kind.

DOKTOR

Doktor je veľmi milý.

ENGINEER

The engineer designed the bridge.

INŽINIER

Inžinier navrhol most.

JOBS AND PROFESSIONS

NURSE

The nurse is very caring.

SESTRA

Sestra je veľmi starostlivá.

TEACHER

The teacher is very strict.

UČITEĽ

Učiteľ je veľmi prísny.

POLICE OFFICER

The police officer helped us.

POLICAJT

Policajt nám pomohol.

FIREFIGHTER

The firefighter saved the cat.

HASIČ

Hasič zachránil mačku.

PRÁCA A PROFESIE

CHEF

The chef cooked a delicious meal.

ŠÉFKUCHÁR

Šéfkuchár pripravil chutné jedlo.

ARTIST

The artist painted a beautiful picture.

UMELEC

Umelec namaľoval krásny obraz.

LAWYER

The lawyer gave us advice.

PRÁVNIK

Právnik nám dal radu.

DENTIST

The dentist cleaned my teeth.

ZUBÁR

Zubár mi vyčistil zuby.

DOPRAVA

Transportation

CAR

I bought a new car.

AUTO

Kúpil som nové auto.

BUS

I take the bus to work.

AUTOBUS

Do práce chodím autobusom.

TRANSPORTATION

BICYCLE

I ride my bicycle every day.

BICYKEL

Každý deň jazdím na bicykli.

TRAIN

The train is late.

VLAK

Vlak má meškanie.

PLANE

The plane is taking off.

LIETADLO

Lietadlo vzlieta.

BOAT

The boat is sailing.

LOĎ

Loď plaví.

DOPRAVA

TRUCK

he truck is carrying goods.

KAMIÓN

Kamión preváža tovar.

MOTORCYCLE

The motorcycle is fast.

MOTOCYKEL

Motocykel je rýchly.

SUBWAY

The subway is crowded.

METRO

Metro je preplnené.

HELICOPTER

e helicopter is flying low.

VRTUĽNÍK

Vrtuľník letí nízko.

CESTOVANIE

Travel

AIRPORT	**LETISKO**
The airport is very busy.	Letisko je veľmi rušné.
HOTEL	HOTEL
We are staying in a nice hotel.	Bývame v peknom hotel

TRAVEL

PASSPORT

Do you have your passport?

PAS

Máš svoj pas?

TICKET

I bought a ticket to Paris.

LÍSTOK

Kúpil som lístok do Paríža.

TOURIST

The tourist is taking pictures.

TURISTA

Turista fotografuje.

LUGGAGE

I need to pack my luggage.

BATOŽINA

Musím si zbaliť batožinu.

CESTOVANIE

MAP Do you have a map?	**MAPA** Máš mapu?
GUIDE The guide showed us around.	**SPRIEVODCA** Sprievodca nás ukázal.
VISA I need a visa to travel.	**VÍZUM** Potrebujem vízum na cestovanie.
SUITCASE My suitcase is heavy.	**CESTOVNÝ KUFOR** Môj cestovný kufor je ťažký.

POČASIE

Weather

SUNNY

Today is a sunny day.

SLNEČNÉ

Dnes je slnečný deň.

RAINY

It is a rainy afternoon.

DAŽDIVÉ

Je daždivé popoludnie.

43

WEATHER

WINDY

It is a windy day.

VETERNÉ

Je veterný deň.

SNOWY

It is a snowy morning.

SNEHOVÉ

Je zasnežené ráno.

CLOUDY

It is a cloudy evening.

OBLAČNÉ

Je oblačný večer.

STORMY

It is a stormy night.

BÚRKOVÉ

Je búrková noc.

POČASIE

FOGGY

It is a foggy morning.

HMLISTÉ

Je hmlisté ráno.

HUMID

It is a humid day.

VLHKÉ

Je vlhký deň.

FREEZING

It is freezing outside.

MRAZIVÉ

Vonku je mrazivo.

HOT

It is a hot day.

HORÚCE

Je horúci deň.

ZDRAVIE A TELO

Health and Body

DOCTOR

The doctor is very kind.

DOKTOR

Doktor je veľmi milý.

NURSE

The nurse is very caring.

SESTRA

Sestra je veľmi starostlivá.

HEALTH AND BODY

HOSPITAL

The hospital is clean.

NEMOCNICA

Nemocnica je čistá.

MEDICINE

need to take my medicine.

LIEKY

Musím si vziať svoje lieky.

PHARMACY

I need to go to the pharmacy.

LEKÁREň

Musím ísť do lekárne.

DENTIST

have an appointment with the dentist.

ZUBÁR

Mám termín u zubára.

47

ZDRAVIE A TELO

THERAPIST

The therapist is very helpful.

TERAPEUT

Terapeut je veľmi nápomocný.

SURGEON

The surgeon performed a successful operation.

CHIRURG

Chirurg vykonal úspešnú operáciu.

PATIENT

The patient is recovering.

PACIENT

Pacient sa zotavuje.

CLINIC

The clinic is open 24 hours.

KLINIKA

Klinika je otvorená 24 hodí denne.

EMÓCIE

Emotions

HAPPY

She feels very happy today.

ŠŤASTNÝ

Cíti sa dnes veľmi šťastná.

SAD

He looks sad.

SMUTNÝ

Vyzerá smutne.

EMOTIONS

ANGRY

She is angry with her friend.

NAHNEVANÝ

Hnevá sa na svoju priateľku.

EXCITED

The children are excited.

NADŠENÝ

Deti sú nadšené.

SCARED

She is scared of the dark.

VYSTRAŠENÝ

Bojí sa tmy.

SURPRISED

He was surprised by the news.

PREKVAPENÝ

Bol prekvapený správou

EMÓCIE

BORED

She feels bored at home.

ZNUDěNÝ

Doma sa cíti znudene.

CALM

He is very calm under pressure.

POKOJNÝ

Je veľmi pokojný pod tlakom.

NERVOUS

She is nervous about the exam.

NERVÓZNY

Je nervózna kvôli skúške.

CONFUSED

He is confused about the instructions.

ZMÄTENÝ

Je zmätený z pokynov.

PRÍRODA

Nature

TREE	**STROM**
The tree is very tall.	Strom je veľmi vysoký.
FLOWER	**KVET**
The flower is beautiful.	Kvet je krásny.

NATURE

RIVER

The river is wide.

RIEKA

Rieka je široká.

MOUNTAIN

The mountain is high.

HORA

Hora je vysoká.

FOREST

The forest is dense.

LES

Les je hustý.

OCEAN

The ocean is vast.

OCEÁN

Oceán je rozsiahly.

PRÍRODA

BEACH

The beach is crowded.

PLÁŽ

Pláž je preplnená.

DESERT

The desert is hot.

PÚŠť

Púšť je horúca.

LAKE

The lake is calm.

JAZERO

Jazero je pokojné.

VALLEY

The valley is beautiful.

ÚDOLIE

Údolie je krásne.

ZVIERATÁ

Animals

DOG

The dog is barking.

PES

Pes šteká.

CAT

The cat is sleeping.

MAČKA

Mačka spí.

ANIMALS

BIRD

The bird is singing.

VTÁK

Vták spieva.

FISH

The fish is swimming.

RYBA

Ryba pláva.

HORSE

The horse is running.

KÔŇ

Kôň beží.

COW

The cow is grazing.

KRAVA

Krava sa pasie.

ZVIERATÁ

LION

The lion is roaring.

LEV

Lev reve.

ELEPHANT

The elephant is huge.

SLON

Slon je obrovský.

MONKEY

The monkey is playful.

OPICA

Opica je hravá.

TIGER

The tiger is fierce.

TIGER

Tiger je divoký.

ZÁĽUBY

Hobbies

READING	**ČÍTANIE**
I enjoy reading books.	Rád čítam knihy.
PAINTING	**MAĽOVANIE**
She loves painting.	Ona miluje maľovanie.

HOBBIES

GARDENING

I spend my weekends gardening.

ZÁHRADNÍCTVO

Trávim víkendy záhradníctvom.

COOKING

He enjoys cooking.

VARENIE

On rád varí.

DANCING

They like dancing.

TANCOVANIE

Oni majú radi tancovanie.

CYCLING

I go cycling every morning.

CYKLISTIKA

Každé ráno chodím na bicykli.

ZÁĽUBY

SINGING

I enjoy singing.

SPIEVANIE

Rád spievam.

SWIMMING

She loves swimming.

PLÁVANIE

Ona miluje plávanie.

TRAVELING

I love traveling to new places.

CESTOVANIE

Rád cestujem na nové miesta.

FISHING

He goes fishing on weekends.

RYBÁRČENIE

On chodí na ryby cez víkendy.

ŠPORTY

Sports

FOOTBALL

He plays football every weekend.

FUTBAL

Každý víkend hrá futbal.

BASKETBALL

She loves playing basketball.

BASKETBAL

Miluje hrať basketbal.

SPORTS

TENNIS

They play tennis on Sundays.

TENIS

Hrávajú tenis v nedeľu.

SWIMMING

I go swimming every morning.

PLÁVANIE

Každé ráno chodím plávat

RUNNING

She enjoys running in the park.

BEH

Rada behá v parku.

CYCLING

He goes cycling on weekends.

CYKLISTIKA

Cez víkendy chodí bicyklovať.

ŠPORTY

YOGA

She practices yoga every day.

JOGA

Každý deň praktizuje jogu.

DANCING

They enjoy dancing.

TANEC

Radi tancujú.

HIKING

We go hiking in the mountains.

TURISTIKA

Chodíme na turistiku do hôr.

GOLF

He plays golf with his friends.

GOLF

Hráva golf so svojimi priateľmi.

TECHNOLÓGIE

Technology

COMPUTER	**POČÍTAČ**
I bought a new computer.	Kúpil som si nový počítač
INTERNET	INTERNET
The internet is slow today.	Internet je dnes pomalý

TECHNOLOGY

SMARTPHONE

I need a new smartphone.

SMARTFÓN

Potrebujem nový smartfón.

TABLET

The tablet is very useful.

TABLET

Tablet je veľmi užitočný.

LAPTOP

My laptop is broken.

LAPTOP

Môj laptop je pokazený.

SOFTWARE

I need to install new software.

SOFTVÉR

Potrebujem nainštalovať nový softvér.

TECHNOLÓGIE

APP

This app is very helpful.

APLIKÁCIA

Táto aplikácia je veľmi nápomocná.

GADGET

This gadget is amazing.

GADGET

Tento gadget je úžasný.

DEVICE

This device is easy to use.

ZARIADENIE

Toto zariadenie sa ľahko používa.

CAMERA

I need a new camera.

KAMERA

Potrebujem novú kameru

NAKUPOVANIE

Shopping

STORE	**OBCHOD**
The store is open.	Obchod je otvorený.
MARKET	**TRH**
I buy vegetables at the market.	Nakupujem zeleninu na trhu.

SHOPPING

MALL

The mall is very crowded.

NÁKUPNÉ CENTRUM

Nákupné centrum je veľmi preplnené.

SUPERMARKET

I need to go to the supermarket.

SUPERMARKET

Musím ísť do supermarketu.

BOUTIQUE

I found a nice dress at the boutique.

BUTIK

Našla som pekné šaty v butiku.

BAKERY

The bakery sells fresh bread.

PEKÁREň

Pekáreň predáva čerstv chlieb.

NAKUPOVANIE

PHARMACY

[n]eed to buy medicine from the pharmacy.

LEKÁREň

Musím kúpiť lieky v lekárni.

BUTCHER

I buy meat from the butcher.

MÄSIAR

Nakupujem mäso u mäsiara.

FLORIST

[I] bought flowers from the florist.

KVETINÁRSTVO

Kúpil som kvety v kvetinárstve.

GROCERY STORE

[T]he grocery store is open 24/7.

OBCHOD S POTRAVINAMI

Obchod s potravinami je otvorený 24/7.

SMER

Directions

LEFT	**VĽAVO**
Turn left at the corner.	Odbočte vľavo na rohu.
RIGHT	**VPRAVO**
Turn right after the bank.	Odbočte vpravo za bankou.

DIRECTIONS

STRAIGHT

Go straight ahead.

ROVNO

Choďte rovno.

NORTH

The library is to the north.

SEVER

Knižnica je na severe.

SOUTH

The park is to the south.

JUH

Park je na juhu.

EAST

The school is to the east.

VÝCHOD

Škola je na východe.

SMER

WEST
The hospital is to the west.

ZÁPAD
Nemocnica je na západe.

NEAR
The bank is near the post office.

BLÍZKO
Banka je blízko pošty.

FAR
The cinema is far from here.

ĎALEKO
Kino je ďaleko odtiaľto.

NEXT TO
The restaurant is next to the hotel.

VEDĽA
Reštaurácia je vedľa hotela.

ČAS

Time

MORNING

I wake up early in the morning.

RÁNO

Ráno vstávam skoro.

AFTERNOON

I work in the afternoon.

POPOLUDNIE

Popoludní pracujem.

TIME

EVENING

We have dinner in the evening.

VEČER

Večer večeriame.

NIGHT

It is very quiet at night.

NOC

V noci je veľmi ticho.

HOUR

The meeting lasts one hour.

HODINA

Schôdzka trvá jednu hodinu.

MINUTE

Wait a minute, please.

MINÚTA

Počkajte chvíľku, prosín

74

ČAS

SECOND

will be there in a second.

SEKUNDA

Budem tam za sekundu.

DAY

It is a beautiful day.

DEň

Je krásny deň.

WEEK

will see you next week.

TÝŽDEň

Uvidíme sa budúci týždeň.

MONTH

will travel next month.

MESIAC

Cestujem budúci mesiac.

OSLAVY

Celebrations

CHRISTMAS

We celebrate Christmas in December.

VIANOCE

Oslavujeme Vianoce v decembri.

BIRTHDAY

Her birthday is next week.

NARODENINY

Jej narodeniny sú budúc týždeň.

CELEBRATIONS

EASTER

We have an Easter egg hunt.

VEĽKÁ NOC

Máme hon na veľkonočné vajíčka.

NEW YEAR

We celebrate the New Year with fireworks.

NOVÝ ROK

Oslavujeme nový rok ohňostrojmi.

WEDDING

The wedding was beautiful.

SVADBA

Svadba bola krásna.

FESTIVAL

The festival is held every year.

FESTIVAL

Festival sa koná každý rok.

OSLAVY

ANNIVERSARY

Today is their wedding anniversary.

VÝROČIE

Dnes je ich svadobné výročie.

HOLIDAY

Today is a public holiday.

DOVOLENKA

Dnes je štátny sviatok.

PARTY

The party was a lot of fun.

PÁRTY

Párty bola veľmi zábavná

CARNIVAL

The carnival is colorful and lively.

KARNEVAL

Karneval je farebný a živý

HUDBA

Music

SONG

I like this song.

PIESEň

Mám rád túto pieseň.

MUSIC

he listens to music every day.

HUDBA

Každý deň počúva hudbu.

MUSIC

BAND

I like this band.

KAPELA

Mám rád túto kapelu.

INSTRUMENT

He plays a musical instrument.

NÁSTROJ

Hrá na hudobný nástroj.

CONCERT

The concert was amazing.

KONCERT

Koncert bol úžasný.

GUITAR

He plays the guitar.

GITARA

Hrá na gitare.

HUDBA

PIANO

She plays the piano beautifully.

KLAVÍR

Hrá na klavíri krásne.

VIOLIN

He is learning to play the violin.

HUSLE

Učí sa hrať na husliach.

DRUMS

He plays the drums in a band.

BICIE

V kapele hrá na bicie.

MICROPHONE

She sang into the microphone.

MIKROFÓN

Spievala do mikrofónu.

FILMY A
TELEVÍZNE
RELÁCIE

Movies and TV Shows

MOVIE

This movie is very interesting.

FILM

Tento film je veľmi zaujímavý.

TV SHOW

This TV show is very popular.

TELEVÍZNA RELÁCIA

Táto televízna relácia je veľmi populárna.

MOVIES AND TV SHOWS

ACTOR

The actor is very talented.

HEREC

Herec je veľmi talentovaný.

DIRECTOR

The director made a great movie.

REŽISÉR

Režisér natočil skvelý film.

EPISODE

I watched the latest episode.

EPIZÓDA

Sledoval som poslednú epizódu.

SERIES

This series is very popular.

SERIÁL

Tento seriál je veľmi populárny.

FILMY A TELEVÍZNE RELÁCIE

SEASON

The new season starts soon.

SÉRIA

Nová séria začína čoskoro.

GENRE

This genre is my favorite.

ŽÁNER

Tento žáner je môj obľúbený.

DOCUMENTARY

I watched a documentary.

DOKUMENTÁRNY FILM

Sledoval som dokumentárny film.

COMEDY

I like watching comedy shows.

KOMÉDIA

Rád sledujem komediálne relácie.

KNIHY A LITERATÚRA

Books and Literature

BOOK

am reading a new book.

KNIHA

Čítam novú knihu.

AUTHOR

The author is very famous.

AUTOR

Autor je veľmi slávny.

BOOKS AND LITERATURE

STORY

The story is captivating.

PRÍBEH

Príbeh je podmanivý.

NOVEL

I am reading a novel.

ROMÁN

Čítam román.

POETRY

I enjoy reading poetry.

POEZIA

Rád čítam poéziu.

CHAPTER

I finished the first chapter.

KAPITOLA

Dokončil som prvú kapitolu.

KNIHY A LITERATÚRA

LIBRARY

The library has many books.

KNIŽNICA

Knižnica má veľa kníh.

FICTION

I like reading fiction.

FIKCIA

Rád čítam fikciu.

BIOGRAPHY

am reading a biography.

BIOGRAFIA

Čítam biografiu.

PUBLISHER

he publisher released a new book.

VYDAVATEĽ

Vydavateľ vydal novú knihu.

UMENIE

Art

PAINTING

The painting is beautiful.

MAĽBA

Maľba je krásna.

SCULPTURE

The sculpture is impressive.

SOCHA

Socha je pôsobivá.

ART

DRAWING

The drawing is detailed.

KRESBA

Kresba je detailná.

MUSEUM

The museum has many exhibits.

MÚZEUM

Múzeum má mnoho exponátov.

GALLERY

The gallery displays modern art.

GALÉRIA

Galéria vystavuje moderné umenie.

EXHIBITION

The exhibition opens tomorrow.

VÝSTAVA

Výstava sa otvára zajtra.

UMENIE

PHOTOGRAPH

The photograph is in black and white.

FOTOGRAFIA

Fotografia je čiernobiela.

STATUE

The statue is made of marble.

SOCHA

Socha je vyrobená z mramoru.

CANVAS

The artist painted on canvas.

PLÁTNO

Umelec maľoval na plátne

GRAFFITI

The graffiti is very artistic.

GRAFITI

Grafiti je veľmi umelecké

VEDA

Science

EXPERIMENT

We did a science experiment.

EXPERIMENT

Urobili sme vedecký experiment.

MICROSCOPE

We looked at cells under the microscope.

MIKROSKOP

Pozreli sme sa na bunky pod mikroskopom.

SCIENCE

PHYSICS

Physics is my favorite subject.

FYZIKA

Fyzika je môj obľúbený predmet.

CHEMISTRY

We learned about elements in chemistry.

CHÉMIA

Učili sme sa o prvkoch v chémii.

BIOLOGY

Biology studies living organisms.

BIOLÓGIA

Biológia študuje živé organizmy.

ASTRONOMY

Astronomy is fascinating.

ASTRONÓMIA

Astronómia je fascinujúc

VEDA

GEOLOGY

Geology studies the Earth.

GEOLÓGIA

Geológia študuje Zem.

BOTANY

Botany is the study of plants.

BOTANIKA

Botanika je štúdium rastlín.

ECOLOGY

Ecology focuses on ecosystems.

EKOLÓGIA

Ekológia sa zameriava na ekosystémy.

GENETICS

Genetics is a branch of biology.

GENETIKA

Genetika je odvetvie biológie.

MATEMATIKA

Math

ADDITION

Addition is easy for her.

SČÍTANIE

Sčítanie je pre ňu
jednoduché.

SUBTRACTION

Subtraction can be tricky.

ODČÍTANIE

Odčítanie môže byť
zložité.

MATH

MULTIPLICATION

He is good at multiplication.

NÁSOBENIE

Je dobrý v násobení.

DIVISION

Division is a basic math operation.

DELENIE

Delenie je základná matematická operácia.

FRACTION

We are learning fractions in math.

ZLOMOK

Učíme sa zlomky v matematike.

EQUATION

The equation is difficult to solve.

ROVNICA

Rovnica je ťažká na vyriešenie.

MATEMATIKA

GEOMETRY

Geometry involves shapes and angles.

GEOMETRIA

Geometria zahŕňa tvary a uhly.

ALGEBRA

Algebra uses letters and symbols.

ALGEBRA

Algebra používa písmená a symboly.

TRIGONOMETRY

Trigonometry deals with triangles.

TRIGONOMETRIA

Trigonometria sa zaoberá trojuholníkmi.

STATISTICS

Statistics is used in many fields.

ŠTATISTIKA

Štatistika sa používa v mnohých oblastiach.

HISTÓRIA

History

WAR

The war lasted five years.

VOJNA

Vojna trvala päť rokov.

REVOLUTION

The revolution changed the country.

REVOLÚCIA

Revolúcia zmenila krajinu.

HISTORY

EMPIRE

The Roman Empire was vast.

IMPÉRIUM

Rímske impérium bolo rozsiahle.

COLONIZATION

Colonization impacted many regions.

KOLONIZÁCIA

Kolonizácia ovplyvnila mnohé regióny.

INDEPENDENCE

They fought for independence.

NEZÁVISLOSť

Bojovali za nezávislosť.

ANCIENT

They studied ancient civilizations.

STAROVEKÝ

Študovali staroveké civilizácie.

HISTÓRIA

MEDIEVAL

They visited a medieval castle.

STREDOVEKÝ

Navštívili stredoveký hrad.

MODERN

They live in a modern house.

MODERNÝ

Žijú v modernom dome.

RENAISSANCE

The Renaissance was a period of cultural revival.

RENESANCIA

Renesancia bola obdobím kultúrneho obrodenia.

VICTORIAN

They restored a Victorian house.

VIKTORIÁNSKY

Obnovili viktoriánsky dom.

GEOGRAFIA

Geography

CONTINENT

Africa is a continent.

KONTINENT

Afrika je kontinent.

COUNTRY

France is a beautiful country.

KRAJINA

Francúzsko je krásna krajina.

GEOGRAPHY

CITY

New York is a big city.

MESTO

New York je veľké mesto.

VILLAGE

The village is very peaceful.

DEDINA

Dedina je veľmi pokojná.

RIVER

The river flows through the city.

RIEKA

Rieka preteká mestom.

MOUNTAIN

We hiked up the mountain.

HORA

Vyšplhali sme na horu.

GEOGRAFIA

LAKE

The lake is very deep.

JAZERO

Jazero je veľmi hlboké.

ISLAND

We took a boat to the island.

OSTROV

Vzali sme loď na ostrov.

DESERT

The desert is very hot during the day.

PÚŠŤ

Púšť je cez deň veľmi horúca.

CANYON

The canyon is breathtaking.

KAŇON

Kaňon je úchvatný.

POLITIKA

Politics

DEMOCRACY

Democracy allows
people to vote.

DEMOKRACIA

Demokracia umožňuje
ľuďom hlasovať.

GOVERNMENT

The government made
new laws.

VLÁDA

Vláda prijala nové zákony.

POLITICS

PRESIDENT

The president gave a speech.

PREZIDENT

Prezident predniesol prejav.

ELECTION

The election is next month.

VOĽBY

Voľby sú budúci mesiac.

SENATOR

The senator visited our town.

SENÁTOR

Senátor navštívil naše mesto.

PARLIAMENT

The parliament passed a new law.

PARLAMENT

Parlament schválil nov zákon.

POLITIKA

CANDIDATE

The candidate gave a speech.

KANDIDÁT

Kandidát predniesol prejav.

CAMPAIGN

The campaign was successful.

KAMPAň

Kampaň bola úspešná.

POLICY

The new policy was implemented.

POLITIKA

Nová politika bola implementovaná.

DIPLOMACY

iplomacy is important in international relations.

DIPLOMACIA

Diplomacia je dôležitá v medzinárodných vzťahoch.

NÁBOŽENSTVO

Religion

CHURCH

We go to church on Sundays.

KOSTOL

Chodíme do kostola v nedeľu.

MOSQUE

We visited the mosque yesterday.

MEŠITA

Včera sme navštívili mešitu.

RELIGION

TEMPLE

The temple is very peaceful.

CHRÁM

Chrám je veľmi pokojný.

SYNAGOGUE

We went to the synagogue for the ceremony.

SYNAGÓGA

Boli sme v synagóge na ceremónii.

PRIEST

The priest gave a blessing.

KňAZ

Kňaz dal požehnanie.

BIBLE

I read the Bible every day.

BIBLIA

Čítam Bibliu každý deň.

NÁBOŽENSTVO

QURAN

They recite the Quran daily.

KORÁN

Recitujú Korán denne.

VEDAS

They study the Vedas.

VÉDY

Študujú Védy.

HYMN

We sang a hymn in church.

HYMNA

Spievali sme hymnu v kostole.

PRAYER

We said a prayer for peace.

MODLITBA

Povedali sme modlitbu za mier.

FESTIVALY

Festivals

CARNIVAL

The carnival is very colorful.

KARNEVAL

Karneval je veľmi farebný.

PARADE

he parade was amazing.

SPRIEVOD

Sprievod bol úžasný.

FESTIVALS

FIREWORKS

We watched the fireworks show.

OHňOSTROJ

Sledovali sme ohňostroj.

CONCERT

The concert was fantastic.

KONCERT

Koncert bol fantastický.

DANCE

They performed a traditional dance.

TANEC

Predviedli tradičný tanec

FESTIVAL

The festival was fun.

FESTIVAL

Festival bol zábavný.

FESTIVALY

FEAST

The feast was delicious.

HOSTINA

Hostina bola lahodná.

CELEBRATION

The celebration lasted all night.

OSLAVA

Oslava trvala celú noc.

MASK

They wore masks at the festival.

MASKA

Na festivale mali na sebe masky.

LANTERN

The lanterns lit up the night.

LAMPIÓN

Lampióny osvetlili noc.

SOCIÁLNE MÉDIÁ

Social Media

POST	PRÍSPEVOK
I liked your post on social media.	Páčil sa mi tvoj príspevo na sociálnych médiách

LIKE	LAJK
She got many likes on her post.	Dostala mnoho lajkov n svoj príspevok.

SOCIAL MEDIA

SHARE

Please share this post.

ZDIEĽAŤ

Prosím, zdieľaj tento príspevok.

COMMENT

I left a comment on your photo.

KOMENTÁR

Nechal som komentár na tvojej fotke.

FOLLOWER

She has many followers.

SLEDOVATEĽ

Má veľa sledovateľov.

FRIEND REQUEST

I sent you a friend request.

ŽIADOSŤ O PRIATEĽSTVO

Poslal som ti žiadosť o priateľstvo.

SOCIÁLNE MÉDIÁ

PROFILE

Update your profile picture.

PROFIL

Aktualizuj svoj profilový obrázok.

TWEET

He posted a new tweet.

TWEET

Uverejnil nový tweet.

NOTIFICATION

I got a notification on my phone.

OZNÁMENIE

Dostal som oznámenie na svojom telefóne.

FEED

I checked my feed.

FEED

Skontroloval som svoj feed.

INTERNET

Internet

WEBSITE

The website is very informative.

WEBOVÁ STRÁNKA

Webová stránka je veľmi informatívna.

EMAIL

I sent you an email.

EMAIL

Poslal som vám email.

INTERNET

BLOG

I write a blog about travel.

BLOG

Píšem blog o cestovaní.

FORUM

I joined an online forum.

FÓRUM

Pripojil som sa k online fóru.

SEARCH

I need to search for information.

VYHĽADÁVANIE

Potrebujem vyhľadať informácie.

LINK

Click on the link.

ODKAZ

Kliknite na odkaz.

INTERNET

DOWNLOAD

need to download the file.

STIAHNUť

Potrebujem stiahnuť súbor.

UPLOAD

I will upload the photos.

NAHRAť

Nahrajem fotografie.

PAGE

he page is loading slowly.

STRÁNKA

Stránka sa načítava
pomaly.

NETWORK

The network is down.

SIETE

Sieť nefunguje.

TELEFÓN A KOMUNIKÁCIA
Phone and Communication

CALL	HOVOR
I will give you a call later.	Zavolám ti neskôr.

TEXT	TEXT
Send me a text message.	Pošli mi textovú správu

PHONE AND COMMUNICATION

VOICEMAIL

I left you a voicemail.

HLASOVÁ SCHRÁNKA

Nechal som ti hlasovú správu.

RING

My phone didn't ring.

ZVONIť

Môj telefón nezvonil.

CONTACT

I lost my contact list.

KONTAKT

Stratil som zoznam kontaktov.

SIGNAL

The signal is weak here.

SIGNÁL

Signál je tu slabý.

TELEFÓN A KOMUNIKÁCIA

MESSAGE

I received your message.

SPRÁVA

Dostal som tvoju správu.

CHAT

Let's have a chat.

CHAT

Poďme sa porozprávať.

VIDEO CALL

We had a video call.

VIDEOHOVOR

Mali sme videohovor.

RECEIVER

The receiver is not working.

PRIJÍMAČ

Prijímač nefunguje.

NÚDZOVÉ SITUÁCIE

Emergency Situations

AMBULANCE

Call an ambulance
immediately.

AMBULANCIA

Okamžite zavolajte
ambulanciu.

FIREFIGHTER

he firefighter saved the
child.

HASIČ

Hasič zachránil dieťa.

EMERGENCY SITUATIONS

POLICE

The police are here to help.

POLÍCIA

Polícia je tu, aby pomohla.

EMERGENCY

This is an emergency situation.

NÚDZOVÝ STAV

Toto je núdzová situácia.

ACCIDENT

He had a car accident.

NEHODA

Mal autonehodu.

EVACUATION

We had to evacuate the building.

EVAKUÁCIA

Museli sme evakuovat budovu.

NÚDZOVÉ SITUÁCIE

FIRST AID

I need a first aid kit.

PRVÁ POMOC

Potrebujem lekárničku.

PARAMEDIC

The paramedic arrived quickly.

ZÁCHRANÁR

Záchranár prišiel rýchlo.

RESCUE

he rescue operation was successful.

ZÁCHRANA

Záchranná operácia bola úspešná.

ALARM

The alarm went off.

ALARM

Alarm sa spustil.

REŠTAURÁCIE

Restaurants

MENU

The menu has many options.

JEDÁLNY LÍSTOK

Jedálny lístok má mnoh možností.

WAITER

The waiter was very friendly.

ČAŠNÍK

Čašník bol veľmi priateľský.

RESTAURANTS

CHEF

The chef prepared a delicious meal.

ŠÉFKUCHÁR

Šéfkuchár pripravil chutné jedlo.

DISH

The dish was very tasty.

JEDLO

Jedlo bolo veľmi chutné.

TIP

We left a tip for the waiter.

PREPITNÉ

Nechali sme prepitné pre čašníka.

TABLE

We reserved a table for two.

STÔL

Rezervovali sme stôl pre dvoch.

REŠTAURÁCIE

ORDER

We would like to order now.

OBJEDNÁVKA

Chceli by sme si teraz objednať.

BILL

Can we have the bill, please?

ÚČET

Môžeme dostať účet, prosím?

CUISINE

The restaurant offers Italian cuisine.

KUCHYňA

Reštaurácia ponúka taliansku kuchyňu.

CHEF

The chef cooked a wonderful meal.

ŠÉFKUCHÁR

Šéfkuchár pripravil úžasn jedlo.

HOTELY

Hotels

RESERVATION

made a reservation at the hotel.

REZERVÁCIA

Urobil som rezerváciu v hoteli.

RECEPTION

he reception is open 24 hours.

RECEPCIA

Recepcia je otvorená 24 hodín denne.

HOTELS

CHECK-IN

We checked in at the hotel.

UBYTOVANIE

Ubytovali sme sa v hoteli.

ROOM

Our room is on the second floor.

IZBA

Naša izba je na druhom poschodí.

SUITE

The suite has a beautiful view.

APARTMÁN

Apartmán má krásny výhľad.

BREAKFAST

Breakfast is included with the room.

RAŇAJKY

Raňajky sú zahrnuté v ce izby.

HOTELY

LOBBY

The lobby is very spacious.

HALA

Hala je veľmi priestranná.

ELEVATOR

The elevator is out of order.

VÝŤAH

Výťah je mimo prevádzky.

SERVICE

The service was excellent.

SLUŽBA

Služba bola vynikajúca.

POOL

The hotel pool is heated.

BAZÉN

Hotelový bazén je vyhrievaný.

BANKOVNÍCTVO

Banking

ACCOUNT	**ÚČET**
I need to check my account balance.	Potrebujem skontrolova[ť] zostatok na svojom účt[e]
DEPOSIT	**VKLAD**
I need to make a deposit.	Potrebujem vložiť peniaze.

BANKING

LOAN

I applied for a loan.

PÔŽIČKA

Požiadal som o pôžičku.

CREDIT

have a good credit score.

KREDIT

Mám dobré kreditné skóre.

INTEREST

paid interest on the loan.

ÚROK

Platím úroky z pôžičky.

SAVINGS

I have a savings account.

ÚSPORY

Mám sporiaci účet.

BANKOVNÍCTVO

WITHDRAWAL

I need to make a withdrawal.

VÝBER

Potrebujem uskutočniť výber.

BALANCE

I need to check my account balance.

ZOSTATOK

Potrebujem skontrolovať zostatok na svojom účte.

INVESTMENT

I made an investment in stocks.

INVESTÍCIA

Investoval som do akcií.

TRANSFER

I need to transfer money.

PREVOD

Potrebujem previesť peniaze.

NEHNUTEĽNOSTI

Real Estate

APARTMENT

I live in an apartment.

BYT

Bývam v byte.

HOUSE

We bought a new house.

DOM

Kúpili sme nový dom.

REAL ESTATE

RENT

We pay rent every month.

NÁJOMNÉ

Každý mesiac platíme nájomné.

MORTGAGE

They have a mortgage on their house.

HYPOTÉKA

Majú hypotéku na svoj dom.

PROPERTY

They own a lot of property.

NEHNUTEĽNOSŤ

Vlastnia veľa nehnuteľností.

LEASE

We signed a lease for the apartment.

NÁJOMNÁ ZMLUVA

Podpísali sme nájomnú zmluvu na byt.

NEHNUTEĽNOSTI

AGENT

The real estate agent was very helpful.

REALITNÝ AGENT

Realitný agent bol veľmi ústretový.

LANDLORD

Our landlord is very nice.

PRENAJÍMATEĽ

Náš prenajímateľ je veľmi milý.

TENANT

The tenant pays rent on time.

NÁJOMNÍK

Nájomník platí nájomné načas.

BROKER

The broker gave me good advice.

MAKLÉR

Maklér mi dal dobré rady.

PRÁVNE POJMY

Legal Terms

LAWYER

The lawyer gave me good advice.

PRÁVNIK

Právnik mi dal dobré rad

CONTRACT

I signed the contract.

ZMLUVA

Podpísal som zmluvu.

LEGAL TERMS

JUDGE

The judge made a decision.

SUDCA

Sudca urobil rozhodnutie.

COURT

The court is in session.

SÚD

Súd zasadá.

WITNESS

The witness testified in court.

SVEDOK

Svedok vypovedal na súde.

CRIME

Crime is a serious issue.

ZLOČIN

Zločin je vážny problém.

PRÁVNE POJMY

LAW

The law must be followed.

ZÁKON

Zákon musí byť dodržiavaný.

ATTORNEY

The attorney represented the client.

ADVOKÁT

Advokát zastupoval klienta.

DEFENDANT

The defendant pleaded not guilty.

OBŽALOVANÝ

Obžalovaný sa nepriznal vine.

VERDICT

The verdict was announced.

VERDIKT

Verdikt bol oznámený.

LEKÁRSKE VÝRAZY

Medical Terms

SURGERY

The surgery was successful.

CHIRURGIA

Operácia bola úspešná.

PRESCRIPTION

The doctor gave me a prescription.

RECEPT

Lekár mi dal recept.

MEDICAL TERMS

DIAGNOSIS

The diagnosis was quick.

DIAGNÓZA

Diagnóza bola rýchla.

TREATMENT

The treatment is working.

LIEČBA

Liečba účinkuje.

VACCINE

The vaccine is safe.

VAKCINÁCIA

Vakcína je bezpečná.

ALLERGY

She has an allergy to nuts.

ALERGIA

Má alergiu na orechy.

LEKÁRSKE VÝRAZY

SYMPTOM

He had flu-like symptoms.

PRÍZNAK

Mal príznaky podobné chrípke.

OPERATION

The operation was a success.

OPERÁCIA

Operácia bola úspešná.

PATIENT

The patient is recovering.

PACIENT

Pacient sa zotavuje.

CONSULTATION

I have a consultation with the doctor.

KONZULTÁCIA

Mám konzultáciu s lekárom.

141

ŽIVOTNÉ PROSTREDIE

Environment

POLLUTION

Pollution is a big problem.

ZNEČISTENIE

Znečistenie je veľký problém.

RECYCLING

Recycling helps the environment.

RECYKLÁCIA

Recyklácia pomáha životnému prostrediu.

ENVIRONMENT

CLIMATE

The climate is changing.

KLÍMA

Klíma sa mení.

DEFORESTATION

Deforestation affects wildlife.

ODLESňOVANIE

Odlesňovanie ovplyvňuje divočinu.

OZONE

The ozone layer protects us.

OZÓN

Ozónová vrstva nás chráni.

RENEWABLE

Renewable energy is important.

OBNOVITEĽNÉ

Obnoviteľná energia je dôležitá.

ŽIVOTNÉ PROSTREDIE

ECOSYSTEM

The ecosystem is diverse.

EKOSYSTÉM

Ekosystém je rôznorodý.

HABITAT

The habitat is being destroyed.

BIOTOP

Biotop je ničený.

BIODIVERSITY

Biodiversity is crucial.

BIODIVERZITA

Biodiverzita je kľúčová.

CONSERVATION

Conservation efforts are needed.

OCHRANA

Ochranné úsilie je potrebné.

VESMÍR

Space

STAR

The star is very bright.

HVIEZDA

Hviezda je veľmi jasná.

PLANET

Earth is a planet.

PLANÉTA

Zem je planéta.

SPACE

GALAXY

We live in the Milky Way galaxy.

GALAXIA

Žijeme v galaxii Mliečna cesta.

ASTEROID

An asteroid passed by Earth.

ASTEROID

Asteroid preletel okolo Zeme.

BLACK HOLE

A black hole is mysterious.

ČIERNA DIERA

Čierna diera je záhadná.

SPACE STATION

The space station orbits Earth.

VESMÍRNA STANICA

Vesmírna stanica obieh okolo Zeme.

VESMÍR

SATELLITE

he satellite sends signals.

SATELIT

Satelit posiela signály.

COSMOS

The cosmos is vast.

KOZMOS

Kozmos je obrovský.

COMET

e saw a comet last night.

KOMÉTA

Včera v noci sme videli kométu.

ROCKET

The rocket launched successfully.

RAKETA

Raketa úspešne odštartovala.

EMÓCIE A POCITY

Emotions and Feelings

HAPPINESS

Happiness is important.

ŠŤASTIE

Šťastie je dôležité.

SADNESS

Sadness is a natural emotion.

SMUTOK

Smutok je prirodzená emócia.

EMOTIONS AND FEELINGS

ANGER

Anger can be difficult to control.

HNEV

Hnev môže byť ťažké ovládať.

FEAR

ear can be overwhelming.

STRACH

Strach môže byť ohromujúci.

LOVE

.ove is a powerful feeling.

LÁSKA

Láska je silný pocit.

SURPRISE

The gift was a surprise.

PREKVAPENIE

Dar bol prekvapením.

EMÓCIE A POCITY

EXCITEMENT

The children were full of excitement.

VZRUŠENIE

Deti boli plné vzrušenia.

JEALOUSY

Jealousy can ruin relationships.

ŽIARLIVOSť

Žiarlivosť môže zničiť vzťahy.

PRIDE

She felt pride in her work.

HRDOSť

Cítila hrdosť na svoju prácu.

GRATITUDE

He expressed his gratitude.

VĎAčNOSť

Vyjadril svoju vďačnosť.

THANK YOU

We hope this book has been a valuable resource in your journey to learn a new language.
Your commitment to expanding your linguistic skills is commendable, and we are honored to have been a part of your learning experience. We believe that language learning opens doors to new cultures, opportunities, and friendships, and we are thrilled that you have taken this step with us.

We would love to hear about your progress and experiences using this book. Your feedback is invaluable and helps us continue to improve and provide quality resources for language learners like you. Please consider leaving a review online or reaching out to us with your thoughts and suggestions.

Thank you once again for your support and dedication. We wish you continued success and joy in your language-learning journey.

Made in the USA
Las Vegas, NV
28 December 2024

15521013R00095